London
Inhaltsverzeichnis

Einleitung	Seite 2-3
Großbritannien und London im Überblick	Seite 4-5
Klima, Königliches London, Londoner Architekten und Shopping	Seite 6-9
Die Stadtgeschichte Londons	Seite 10-11
Sehenswürdigkeiten von A bis Z	Seite 12-36
Praktische Reisetipps und Infos von A bis Z	Seite 37-42
Kulinarische Hinweise	Seite 43-44
Der kleine Sprachführer	Seite 45-48
Checkliste	Seite 49

Bustouren

Einleitung

London ist eine Weltstadt! London zählt rund 7,3 Millionen Einwohner! London zieht jedes Jahr rund 25 Millionen Besucher an! Wie ist es dann nur möglich, dass das Bild dieser Metropole auf wenige Stereotypen reduziert wird. Es scheint als bestehe das regnerische und nebelige London nur aus einem Uhrenturm, dem Big Ben; einer alten Brücke über der Themse, der Tower Bridge; einem großen Königspalast, dem Buckingham Palace, vor dem die Garde mit ihren Bärenfell-Hüten im Stechschritt marschiert und der königlichen Familie, die in den heimischen Magazinen stets die Hauptdarsteller sind. Es liegt wahrscheinlich an der Vielseitigkeit der Stadt, die dem Stadtbesucher ein Überangebot an Sehenswürdigkeiten und Kultur bietet. Eine Vorauswahl übernimmt daher jede Stadtführung, die dem Besucher dann nicht das typische, sondern das stereotypische Bild der Stadt bietet. Selbst einem guten Reisebuch kann es nur ansatzweise gelingen dem Londonbesucher einen realistischen Eindruck von London zu vermitteln, denn sicherlich wird wiederum nur auf bekannte Highlights, die „Rosinen" zurückgegriffen. Wenn mehrere Tage für den Londonbesuch zur Verfügung stehen, sollte man sich an dem ersten Tag sein bisheriges Image bestätigen lassen und die bekannten Bauwerke besichtigen. An den folgenden Tagen kann man dieses Bild wieder revidieren. Abseits vom Glockenschlag des Big Ben und dem Straßenlärm am Piccadilly Circus sollte man eine der schönen Parkanlagen wie den großen Hyde Park oder den St. James Park aufsuchen und am gelassenen Londoner Alltag teilhaben.

Einleitung

Danach empfehlen sich zahlreiche Museen von Weltrang, wie das Britische Museum, die Nationalgalerie oder das Kunstmuseum Tate Modern im Kraftwerk. Bei schönem Wetter ist es ratsamer statt der Kunstwerke die Waren der Trödler und Antiquitätenhändler z. B. in Notting Hill zu begutachten oder China Town zu besuchen. Darüber hinaus ist es auch interessant, die Sanierungsmaßnahmen der Docklands, der alten Werft- und Hafenanlagen zu sehen. Abrunden sollte man dann den Tag in einem gemütlichen viktorianischen Pub, aber etwas außerhalb des Stadtzentrums, da wo sich die Londoner aller Schichten treffen. Nach diesem alternativen Programm wird man einen anderen Eindruck von der britischen Metropole erhalten und dem Magazin Newsweek zustimmen, in dem London stets als „coolest city on the planet" betitelt wird.

Seite 3

Großbritannien und London im Überblick

Seite 4

Großbritannien - United Kingdom of Great Britain (GB)

Lage:
West-Europa

Nationalflagge:
„Union Jack", Kombination von englischem Georgskreuz (rotes Kreuz auf weißem Grund), dem schottischen Andreaskreuz (weißes Diagonalkreuz auf blauem Grund) und Patrickkreuz (rotes Diagonalkreuz auf weißem Grund).

Einwohnerzahl:
59,5 Mio.

Gesamtfläche:
242.910 km², England 130.422 km²

Einwohner je km²:
245

Urbanisierung: 89 %

Hauptstadt:
London, 7,285 Mio. Einwohner

Städte:
London 7,285 Mio. Einw., Birmingham 1.013.000 Einw., Leeds 727.000 Einw., Glasgow 620.000 Einw., Sheffield 531.000 Einw., Bradford 483.000 Einw., Liverpool 462.000 Einw., Edinburgh 450.000 Einw., Manchester 423.000 Einw.

Großbritannien oder das Vereinigte Königreich, im Westen Europas fasst die Länder Nordirland, Schottland, Wales und England unter einer Krone zusammen. Diese vier Länder erstrecken sich über zwei große Inseln im Atlantik. Nordirland und Irland erstrecken sich über die irische Insel. Irland ist jedoch seit 1921 eine unabhängige Republik. Insgesamt leben in Großbritannien rund 59,5 Mio. Menschen und damit ist das Land nach Deutschland und der Türkei das drittgrößte Land in Europa. Und mit einer durchschnittlichen Zahl von 245 Einwohnern auf einem Quadratkilometer gehört das Vereinigte Königreich zu den dichtbesiedelten Ländern Europas. Nicht nur flächenmäßig, sondern auch unter Berücksichtigung der Einwohnerzahl mit rund 50 Millionen Menschen ist England das größte Land des Königreiches. In Nordirland leben rund 1,7 Mio. Menschen, in Schottland ca. 5,2 Mio. und Wales zählt fast 3 Mio. Waliser. Queen Elisabeth II. ist seit 1952 das Staatsoberhaupt der vier Länder und weiterer Länder des Commonwealth. London ist die Residenz der Königin und Sitz der Regierung. Die Befugnisse der Königin sind mittlerweile stark eingeschränkt und reduzieren sich u. a. auf repräsentative Funktionen. Die Geschicke des Landes werden vom Premierminister, derzeitig von dem Chef der Labour Party Tony Blair bestimmt. Die vier vereinten Länder präsentieren sich nur selten einig und Auseinandersetzungen zwischen den Ländern sind vielfach an der Tagesordnung. Schottland sehnt sich schon lange nach Unabhängigkeit und erhielt, wie auch Wales, 1999 ein eigenes Parlament. Nordirland verfügt ebenfalls über ein eigenes Parlament und ist durch die anhaltenden Glaubenskriege zwischen den Protestanten und den Katholiken das Sorgenkind Großbritanniens. Abschließend muss man noch auf den „Commonwealth" hinweisen.

Großbritannien und London im Überblick

Nachdem Großbritannien in den Nachkriegsjahren zahlreiche Kolonien in die Unabhängigkeit entließ, blieb jedoch der 1931 mit dem Status von Westminster gegründete Verbund „Commonwealth of Nations" bestehen. In dieser gleichberechtigten Gemeinschaft von derzeitig 51 Staaten mit der britischen Königin als Souverän befinden sich Länder wie z. B. Kanada, Australien, Neuseeland und Indien. 1997 übergab Großbritannien die britische Kronkolonie Hongkong an China.

Der Urbanisierungsgrad ist mit 89% sehr hoch. Der größte Teil der Bevölkerung wohnt in Städten. Neben London ist Birmingham, die einzige Millionenstadt. Weitere größere Städte sind Leeds, Glasgow, Sheffield, Bradford und Liverpool.

Im Südosten der Landes, zu beiden Seiten des Flusses Themse liegt die Hauptstadt London. Sie gehört zu den größten Städten Europas und zählt rund 7,3 Millionen Einwohner. Ein Fünftel der Bevölkerung sind ethnische Minderheiten. Viele von ihnen kamen in den Nachkriegsjahren aus den Commonwealth-Ländern in das englische Mutterland. In vielen Stadtteilen haben sich die ethnischen Gruppen niedergelassen und bildeten Gemeinschaften, wie z. B. „China Town". Der Großraum London wird als „Greater London" bezeichnet und hat eine Fläche von 1.580 km². Diese Region verfügt seit 1986 über einen Stadtrat, den „Greater London Council", der seit dem Jahr 2000 mit Ken Livingston wieder einen Bürgermeister hat. London ist das übermächtige politische und kulturelle Zentrum des Vereinigten Königreiches mit rund 160 Parkanlagen und 80 Museen sowie unzähligen Theatern und bedeutenden Universitäten. Hohe Einnahmen erhält die Stadt aus dem Fremdenverkehr, denn immerhin besuchen jährlich rund 25 Millionen Touristen die Weltstadt. Viele von Ihnen sind Tagesbesucher, die dank der vielen Fährverbindungen und des Tunnels die Stadt schnell erreichen können. Die touristische Infrastruktur ist in London gut ausgebaut und zahlreiche Hotels stehen zur Verfügung. Zu den Attraktivitätsfaktoren gehört das Stadtzentrum mit den vielen beeindruckenden Bauwerken und das kulturelle Angebot.

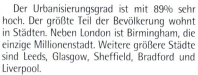

Seite 5

Sprache:
Englisch, Schottisch-Gälisch in Schottland, Irisch-Gälisch in Nordirland, regional keltische Sprachen

Religion:
57 % Anglikaner, 15 % Protestanten, 13 % Katholiken

Bevölkerung:
80 % Engländer, 10 % Schotten, 4 % Iren, 2 % Waliser

Zuwachsrate:
0,3 %

Säuglingssterberate:
0,6 %

Lebenserwartung:
78 Jahre

Analphabetenquote:
Unter 5 %

Staat und Gesellschaft

Staatsform:
Parlamentarische Monarchie

Staatsoberhaupt:
Königin Elizabeth II., seit 1952

Regierungschef:
Tony Blair (Labour Party)

Mitgliedschaft:
Nato, EU, Vereinte Nationen, Commonwealth

Nationalfeiertag:
2. Samstag im Juni (Queen's Birthday)

Klima, Königliches London, Londoner Architekten und Shopping

Klima

Direkt zu Beginn muss darauf hingewiesen werden, dass das Wetter in London besser ist als sein Ruf, denn es regnet nicht ständig und die Stadt ist nicht permanent in Nebel eingehüllt. Den Stadtbesucher können die Temperaturen zufrieden stellen, denn ein umfangreiches Besichtigungsprogramm bei hohen Temperaturen im Sommer und tiefen Temperaturen im Winter ist alles andere als erfreulich. Das ausgeprägte maritime Klima mit milden Wintern und warmen, aber nicht heißen Sommern ist ideal. Selbst im kältesten Monat Januar liegen die monatlichen Durchschnittstemperaturen bei 6°C. Dank des Golfstroms, der mit seinen warmen Wassermassen Einfluss auf den englischen Winter hat, werden nur selten anhaltende Fröste registriert. Der wärmste Monat ist der Juli mit einer Durchschnittstemperatur von 22°C. In den Wintermonaten werden die meisten Regentage verzeichnet. Statistisch betrachtet, regnet es dann an 15 Tagen im Monat und im Sommer „lediglich" an 11 Tagen im Monat. Der Wind weht vorherrschend aus westlicher Richtung.

Königliches London

Im Jahre 2002 feierte Königin Elizabeth II. ihr 50 jähriges Thronjubiläum und die britische Monarchie rückte mal wieder in das weltweite Rampenlicht. Doch die Boulevardpresse berichtete auch vor diesem Ereignis kontinuierlich und hartnäckig über die Geschehnisse am Hof. Der traurige Höhepunkt des Verhältnisses der Königsfamilie und der Presse wurde am 31. August 1997 erreicht. Pressefotografen, die so genannten Paparazzi verfolgten Prinzessin Diana durch Paris, bis der Wagen mit hoher Geschwindigkeit gegen einen Brückenpfeiler fuhr und die beliebte Diana und ihr Freund Dodi al-Fayed den Tod fanden.

Klima, Königliches London, Londoner Architekten und Shopping

Aber nicht nur die Schattenseiten der Monarchie, sondern auch die Höhepunkte wie der 100. Geburtstag der Queen-Mum, der die ganze Stadt in einen Freudentaumel versetzte, gehören dazu. Dem Stadtbesucher wird die königliche Seite Londons vielfach begegnen, denn schließlich gehört der Buckingham Palace zu den Hauptattraktionen der Stadt, insbesondere dann, wenn der Wachwechsel vollzogen wird und die berühmte Garde ihren Respekt vor der englischen Krone beweist. Apropos Krone, die liegt gut bewacht im Tower of London und ist mit 2.800 kleinen Diamanten besetzt. Sie wird natürlich nur bei ganz wichtigen Anlässen getragen.

Dass die Monarchie sich touristisch gut vermarkten kann, hat man nach dem verheerenden Brand in dem Schloss von Windsor gemerkt. Um die Renovierungskosten von rund 50 Mio. Euro aufzubringen, wurde kurzerhand der Buckingham Palace zur Besichtigung frei gegeben und von den Eintrittsgeldern konnten die Brandschäden beseitigt werden. In Scharen kamen die Touristen um einen kleinen Einblick in das Privatleben der Königin zu bekommen. Auch der tragische Tod von Diana wird im Fremdenverkehr in bare Münze umgesetzt und so werden Diana-Memorial-Touren angeboten. Bei diesen Stadtführungen werden die Besucher an die Stätten geführt, an denen sich Diana zu Lebzeiten aufhielt. Unzählige Touristen strömen jeden Tag zum Kensington Palace, um dort in Gedenken an Diana Blumen niederzulegen. Auch der beinahe Schwiegervater Dianas, der ägyptische Unternehmer Mohammed al-Fayed beteiligt sich an dem Vermarktungsrummel. Er ist der Besitzer des weltberühmten Kaufhauses Harrods, in dem für die beiden Verstorbenen ein Altar mit Bildern aufgebaut wurde. Das Spektakel, das rund um das Königshaus betrieben wird, lässt jede Ernsthaftigkeit vermissen und es scheint, als hätte dies Edward VIII. bereits 1936 geahnt. Er verzichtete aufgrund seiner Liebe zu der geschiedenen Amerikanerin Wallis Simpson auf den Thron.

Seite 7

Klima, Königliches London, Londoner Architekten und Shopping

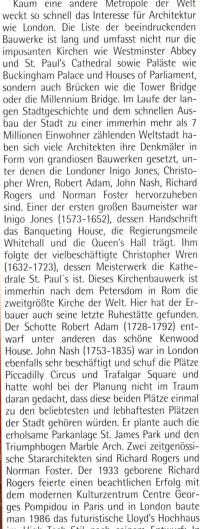

Londoner Architekten

Kaum eine andere Metropole der Welt weckt so schnell das Interesse für Architektur wie London. Die Liste der beeindruckenden Bauwerke ist lang und umfasst nicht nur die imposanten Kirchen wie Westminster Abbey und St. Paul's Cathedral sowie Paläste wie Buckingham Palace und Houses of Parliament, sondern auch Brücken wie die Tower Bridge oder die Millennium Bridge. Im Laufe der langen Stadtgeschichte und dem schnellen Ausbau der Stadt zu einer immerhin mehr als 7 Millionen Einwohner zählenden Weltstadt haben sich viele Architekten ihre Denkmäler in Form von grandiosen Bauwerken gesetzt, unter denen die Londoner Inigo Jones, Christopher Wren, Robert Adam, John Nash, Richard Rogers und Norman Foster hervorzuheben sind. Einer der ersten großen Baumeister war Inigo Jones (1573-1652), dessen Handschrift das Banqueting House, die Regierungsmeile Whitehall und die Queen's Hall trägt. Ihm folgte der vielbeschäftigte Christopher Wren (1632-1723), dessen Meisterwerk die Kathedrale St. Paul's ist. Dieses Kirchenbauwerk ist immerhin nach dem Petersdom in Rom die zweitgrößte Kirche der Welt. Hier hat der Erbauer auch seine letzte Ruhestätte gefunden. Der Schotte Robert Adam (1728-1792) entwarf unter anderen das schöne Kenwood House. John Nash (1753-1835) war in London ebenfalls sehr beschäftigt und schuf die Plätze Piccadilly Circus und Trafalgar Square und hatte wohl bei der Planung nicht im Traum daran gedacht, dass diese beiden Plätze einmal zu den beliebtesten und lebhaftesten Plätzen der Stadt gehören würden. Er plante auch die erholsame Parkanlage St. James Park und den Triumphbogen Marble Arch. Zwei zeitgenössische Stararchitekten sind Richard Rogers und Norman Foster. Der 1933 geborene Richard Rogers feierte einen beachtlichen Erfolg mit dem modernen Kulturzentrum Centre Georges Pompidou in Paris und in London baute man 1986 das futuristische Lloyd's Hochhaus im High-Tech-Stil nach seinem Entwurf: In Deutschland ist Norman Foster sehr bekannt, denn immerhin entwarf er die gläserne Kuppel des Berliner Reichstages und in London gehören unter anderem die U-Bahnstation Canary Wharf, der Lichthof „Great Court" im Britischen Museum und die Millennium-Brücke über die Themse zu seinen Meisterleistungen.

Klima, Königliches London, Londoner Architekten und Shopping

Shopping

London, die zu den größten Städten der Welt gehört, kann dem Besucher eine riesige Auswahl an Geschäften bieten. Wer durch die Straßen zieht und die Auslagen in den Schaufenstern betrachtet wird schnell das hohe Preisniveau bemerken. Es empfiehlt sich vor dem Einkauf das Budget festzulegen, sonst hat man schnell ein Vermögen ausgegeben.

Nicht nur das weltbekannte Kaufhaus Harrods lädt zum Shopping ein, sondern unzählige weitere Geschäfte. In der bekannten Oxford Street befinden sich weitere bekannte Kaufhäuser wie Selfridges, Marks & Spencer und John Lewis und in der Regent Street befindet sich das Kaufhaus Liberty. Wer exklusive Kleidung sucht, sollte sich in der New Bond Street umsehen. Hier haben Modedesigner wie Chanel, Calvin Klein, Burberry, Donna Karan und Louis Vuitton ihre edlen Geschäfte. In der Old Bond Street befinden sich weitere Boutiquen mit exklusiver und „unbezahlbarer" Mode. Günstigere und jugendlichere Mode findet man in Chelseas King's Road. Zum Stöbern laden die Antiquitätenläden und Schmuckgeschäfte in der Old Bond Street ein. Wer alte Bücher sucht, sollte sich in der Charing Cross Road umsehen. Hier sind viele Antiquariatsbuchläden zu finden. Das größte Buchgeschäft Europas ist Waterstones in der Straße Piccadilly. Das berühmte Auktionshaus Sotheby's befindet sich in der New Bond Street und Christie's in der King Street. Vor der Auktion kann man sich die Objekte anschauen. Zu einem besonderen Shopping-Erlebnis gehört das Bummeln auf einem der zahlreichen Märkte. Am Freitag und Samstag findet der Portobello Market (Portobello Road) in Notting Hill statt. Dann reihen sich kilometerlang die Stände mit Straßenmode, Lebensmitteln und Trödel aneinander. Sehr groß ist der Camden Market, der sich von der Camden High Street bis zur Kreuzung Buck Street erstreckt und am Samstag und Sonntag stattfindet. Hier werden unter anderem Schmuck, Mode, Möbel und Kunsthandwerk angeboten. Billige Klamotten und Schuhe erhält man sonntags auf dem Petticoat Lane Market (Middlesex Street).

Seite 9

Die Stadtgeschichte Londons

In dem heutigen Stadtgebiet, an der Themse, ließen sich zunächst in der vorchristlichen Zeit keltische Stämme nieder. Diese wurden jedoch im Jahre 43 nach Christus von den Römern unter Kaiser Claudius besiegt und vertrieben. Es entstand eine kleine Römersiedlung mit dem Namen „Londinium". Eine Brücke über die Themse wurde gebaut, eine Stadt entstand, in der um das Jahr 200 immerhin rund 50.000 Menschen lebten. Als jedoch die Römer im Jahre 410 die Stadt verließen, verfiel Londinium. Im 5. Jahrhundert eroberten die Angeln und die Sachsen das Land Britannien, bauten „Lundenvic" aus und machten die Stadt zur Hauptstadt des Königreiches Essex. Im Jahre 851 wurden große Teile der Stadt von den dänischen Wikingern zerstört. Sie besetzten die Stadt, wurden 886 jedoch von dem angelsächsischen König Alfred vertrieben. Bis 1066 residierten Sachsenkönige in London. In diesem historischen Jahr gelang es dem Normannenkönig Wilhelm dem Eroberer bei der Schlacht bei Hasting den letzten Sachsenkönig zu schlagen. König Wilhelm ließ sich in der Westminster Abbey krönen und veranlasste 1078 den Bau des Tower of London, zunächst jedoch als einfache Holzfestung. Unter Heinrich II. wurde London offiziell die Hauptstadt Englands. In den folgenden Jahrhunderten erfolgte der Ausbau der Stadt und es entstanden wichtige Bauwerke wie der Neubau Westminster Abbey (1245-1269) und die Errichtung der St. Paul's Cathedral (1280). In den Jahren 1348-50 wurde auch England wie viele andere europäische Länder von der Pest heimgesucht. Allein in London starben rund 50.000 Menschen an dem so genannten „Schwarzen Tod". Heinrich VIII, der wegen seiner vielen Ehefrauen und Kinder bekannt wurde, brach mit der römisch-katholischen Kirche. Er gründete die anglikanische Staatskirche und wurde selber zum Kirchenoberhaupt. Mit seiner Tochter Elisabeth I., der „Virgin Queen" brach 1558 ein goldenes Zeitalter für England und London an. Sie förderte auch die Wissenschaft, Kunst und Literatur. 1599 wurde das Globe Theatre eröffnet. Hier wurde das erste Stück von William Shakespeare aufgeführt. Später wurde er Miteigentümer des Theaters. 1603 starb Elisabeth I. kinderlos und die Monarchen aus dem Haus Stuart nahmen in England das Zepter in die Hand. Unter Charles I. wurde der königliche Hyde Park für die Londoner Bevölkerung geöffnet. Die Herrschaft der Stuart-Könige rief eine starke Opposition in der Bevölkerung hervor und es kam 1643 zu Bürgerkriegen

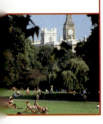

Die Stadtgeschichte Londons

zwischen den königstreuen „Kavalier" und den oppositionellen „Rundköpfen". 1649 wurde Charles I. hingerichtet und Oliver Cromwell wurde von 1653 bis zu seinem Tod 1658 Lord Protector von England, Irland und Schottland. 1660 kehrte mit Charles II. die Monarchie zurück. 1665 wurde London erneut von einer Pest heimgesucht und die Bevölkerung um rund 100.000 Menschen dezimiert. Auf die Katastrophe folgte ein weiteres trauriges Ereignis der Stadtgeschichte. Vom 2.-5. September 1666 zerstörte ein verheerender Stadtbrand rund 80 Prozent der Stadt. Mit dem Jahr 1714 begann die bis heute anhaltende Dynastie des Hauses Hannover-Windsor. 1721 wurde Robert Walpole zum ersten Premierminister ernannt. Für die Stadt brach eine weitere Blütezeit heran. Um 1750 zählte die Stadt bereits 750.000 Einwohner. Mit der Thronbesteigung der 18 jährigen Viktoria im Jahre 1837 begann die Blütezeit des britischen Empires. Bis zu ihrem Tod im Jahre 1901 regierte Viktoria 63 Jahre das Land und residierte im Buckingham Palace. Zu den wichtigen Ereignissen der Stadt im 19. Jahrhundert gehörten der Neubau des Houses of Parliament (1840-52), der Bau des ersten Tunnels unter der Themse (1843), der Bau der Tower Bridge (1886-1892) und die Inbetriebnahme der elektrischen U-Bahnlinie im Jahre 1890.

Bereits um 1900 lebten im Großraum London rund 6,5 Millionen Menschen. Im Ersten Weltkrieg wurde London von Luftschiffen aus der Luft angegriffen und im Zweiten Weltkriegen starben rund 30.000 Menschen durch deutsche Luftangriffe. In der Nachkriegszeit entließ London einige Kolonien in die Unabhängigkeit und 1952 bestieg die heutige Königin Elisabeth II. den englischen Thron. 1956 wurde versucht durch ein Gesetz zur Reinhaltung der Luft den Smog einzudämmen. In den 1960er Jahren swingte ganz London mit den Songs der Beatles und 1973 wurde England Mitglied der EG, der heutigen EU. 1979 wurde erstmalig eine Frau Premierministerin. Die „konservative" Margaret Thatcher ging als „eiserne Lady" in die Geschichte ein. Ihr folgen John Major (1990) und der Chef der Labour Party Tony Blair. 1997 nahm ganz London Anteil an dem Tod von Prinzessin Diana, die bei einem Autounfall in Paris starb. 1999 wählten die Waliser und Schotten erstmalig ihr eigenes Parlament. Zu den jüngsten Ereignissen gehören die Feierlichkeiten anlässlich des 100. Geburtstags von Queen Mum im Jahr 2000 und das 50 jährige Thronjubiläum von Königin Elisabeth II. im Jahr 2002.

Sehenswürdigkeiten von A bis Z

Die Liste der Sehenswürdigkeiten der Metropole ist unendlich lang und eine umfassende Darstellung würde Bände füllen. Daher werden im Folgenden die Hauptattraktionen vorgestellt und in alphabetischer Reihenfolge mit dem englischen Namen aufgeführt.

Bank of England

Die Bank of England ist die Britische Zentralbank und wurde bereits 1694 gegründet, damit die Kriege gegen Frankreich finanziert werden konnten. In das heutige Gebäude, rund 500 Meter östlich von der St. Paul`s Kathedrale, zog sie 1734 ein. Sie überwacht als Institution seit 1928 die Notendruckerei und setzt auch den Leitzins fest. Sie ist die Mutter aller Banken und hat es im wahrsten Sinne des Wortes in sich, denn in den Kellergewölben lagern die nationalen Goldreserven. Die immense Bedeutung der Bank von England lässt sich leicht an dem prächtigen Bauwerk ablesen. Das ursprüngliche Gebäude wurde umfangreich erweitert, mit einer neuen Fassade versehen und endgültig 1833 fertiggestellt. Der neoklassizistische Bau hat eine imposante Fassade mit großen korinthischen Säulen und einigen Skulpturen von Charles Wheeler. Im Untergeschoss fehlen aus Sicherheitsgründen die Fenster. Von der Bank of England sind es nur wenige Schritte bis zur Börse, der „Royal Exchange", die 1566 gegründet wurde und heute in einem tempelartigen Bauwerk aus dem Jahr 1844 untergebracht ist. Acht mächtige Säulen tragen eine repräsentative Vorhalle.

Sehenswürdigkeiten von A bis Z

Big Ben

Der bekannte Uhrenturm des Parlamentsgebäudes ist der Inbegriff einer typischen Londoner Sehenswürdigkeit. Obwohl mit Big Ben zunächst nur die Glocke gemeint war, wird mittlerweile der gesamte Turm (Clock Tower) so betitelt. 16 Glocken ertönen zu jeder vollen Stunde und sind zum Erkennungszeichen der BBC geworden. Ein Mikrofon im Glockturm sorgt für die Übertragung des Glockenschlags im Radio. Die schwere Glocke Big Ben ist im wahrsten Sinne des Wortes „big" und bringt immerhin 13 Tonnen auf die Waage. Der schlanke Glockenturm ist reichlich verziert und verfügt über eine schöne und genaue Uhr. Erbaut wurde „Big Ben" bereits 1859 und gehört zu einem festen Bestandteil jeder Stadtführung. Am Abend ist der Uhrturm sehr schön beleuchtet.

British Airways London Eye

Eine der jüngsten und spektakulärsten Attraktionen der Stadt ist das gigantische und weltgrößte Riesenrad, das im Auftrag der Fluggesellschaft British Airways gebaut wurde. Es befindet sich wenige hundert Meter nördlich der Houses of Parliament, am anderen Themseufer und ist aufgrund der großen Dimensionen unübersehbar. Entworfen wurde das futuristische Riesenrad von David Marks und es ermöglicht fantastische Ausblicke aus einer maximalen Höhe von 135 Metern. Bei guter Sicht kann man sogar Windsor Castle sehen.

Sehenswürdigkeiten von A bis Z

British Museum

Das Britische Museum im Norden der Altstadt ist ohne Zweifel ein Museum der Superlative und ein Muss für den Londonbesucher, der jedoch ausreichend Zeit mitbringen muss. Hier kann man sich Tage und Wochen aufhalten, sich begeistern lassen und auf eine angenehme Art weiterbilden. Zunächst begeistert das Museum durch das Gebäude, dessen Fassade einem griechischen Tempel gleicht. Die Anfänge des heute so bedeutenden Museums gehen bis in die Mitte des 18. Jahrhunderts zurück. Es war der Naturwissenschaftler und Arzt Sir Hans Sloane, der über eine Sammlung von 80.000 Exponaten aus den Bereichen Mineralien, Zoologie und Antiquitäten sowie Zeichnungen und Bücher verfügte. Nach seinem Tod wurde das Britische Museum im Jahre 1753 gegründet und die Sammlungen konnten im Montague House besichtigt werden. Diese Sammlung und die umfangreiche Privatbibliothek von Georg III. erforderten den Bau eines großen Museums. Nach den Entwürfen von Robert Smirke entstand 1838 das neoklassische Gebäude. Im Jahre 2003 wird das 250 jährige Jubiläum gefeiert und zu diesem Anlass werden einige Umbauten durchgeführt so entsteht nach dem Entwurf des Star-Architekten Sir Norman Foster, der auch den deutschen Reichstag neu gestaltete, ein neuer Lichthof. Unter den vielen verschiedenen Ausstellungen und Abteilungen sind in erster Linie die Statuen des ägyptischen, römischen und griechischen Altertums von Interesse. Die weiteren Ausstellungen reichen von umfangreichen Uhrensammlungen, naturgeschichtlichen Sammlungen über orientalische Ausstellungen bis hin zu afrikanischen Sammlungen. Zu den besonderen Exponaten gehören eine rund 2.000 Jahre alte Moorleiche aus Ceshire und antike ägyptische Mumien sowie die Wandgemälde aus Pompeji. Unter den alten Aufzeichnungen und Urkunden beeindrucken Exponate wie das Original der Magna-Charta, Skizzenbücher von Dürer und da Vinci oder Aufzeichnungen von Admiral Nelson und dem Antarktis-Forscher Robert Scott.

Die Bibliothek ist seit 1999 ausgelagert. Sie erhielt einen Neubau und befindet sich an der Pancras Station. Der Lesesaal, der beeindruckende „Reading Room" ist aber weiterhin in dem Hauptgebäude zu finden. Hier saß bereits Karl Marx und arbeitete an seinem weltberühmten Buch „Kapital". Die weltgrößte Bibliothek, die sich nun im Neubau befindet, ist gespickt mit wertvollen und einmaligen Büchern.

Sehenswürdigkeiten von A bis Z

Buckingham Palace

Der königliche Buckingham Palace ist sicherlich neben dem Glockenturm Big Ben und der Tower Bridge das bekannteste Bauwerk der englischen Metropole. Der prächtige Bau befindet sich im Westen der Altstadt und ist von den schönen Parkanlagen Palace Garden, St. James Park und Green Park umgeben. Vor dem Palast steht das beeindruckende Denkmal, das an Queen Victoria erinnert. Dieses Monument umrunden im Kreisverkehr zahlreiche Autos. Für rund 15 Minuten am Tag strömen die Londonbesucher zum Palast, denn dann ist Wachwechsel. Bei dieser Zeremonie beweist die berühmte Garde mit den hohen Fellhüten ihren Respekt vor der Monarchie. Dieses weltberühmte Spektakel findet in den Monaten Mai bis August täglich und in den Monaten September bis April nur jedem zweiten Tag um 11.30 Uhr statt. Im Buckingham Palace lebt Königin Elizabeth II. mit der königlichen Familie, wenn sie nicht in Schottland residieren. Weht die große Fahne über dem Palast, ist die Königin anwesend. Ursprünglich wurde der Palast für den Herzog von Buckingham im Jahre 1703 erbaut und trug den Namen „Buckingham House". Es war ein schlichtes Bauwerk, hatte jedoch eine ideale und repräsentative Lage. 1825 kaufte es König George IV. und ließ es von dem Hofarchitekten John Nash umfangreich umbauen. Der lange Umbau verschlang Unsummen und wurde dann von Edward Blore vollendet. Weder George IV. noch sein nachfolgender Bruder William erlebten die Fertigstellung des Schlosses. 1837 war Queen Victoria die erste Monarchin, die in das Haus einzog. Seitdem ist das Schloss die Residenz der englischen Könige. 1913 erfuhr das Bauwerk seine letzten Veränderungen. Aston Webb gestaltete die Ostfassade im klassizistischen Stil neu. Zu einem wichtigen Datum der jüngsten Schlossgeschichte gehört das Jahr 1993. Nach dem verheerenden Brand in dem königlichen Windsor Castle und anstehenden Renovierungskosten von rund 50 Millionen Euro entschied sich die Königin den Buckingham Palace für die Öffentlichkeit zugänglich zu machen. Seitdem können sich die Besucher in bestimmten Sälen des Schlosses umsehen. Aus dem Erlös der Eintrittsgelder und von dem Verkauf der Souvenirs konnte die Renovierung von Schloss Windsor bereits 1998 bezahlt werden. Dennoch bleiben die Schlosspforten jetzt in den Sommermonaten für die Besucher geöffnet. Der mächtige Palast verfügt über unendlich

Seite 15

Sehenswürdigkeiten von A bis Z

lange Flure und insgesamt 600 Räume und Säle. Bei dieser unglaublichen Anzahl von Räumen ist die Zahl von 12 Räumen, die von der Königin und ihrem Mann Prince Philip bewohnt werden, sehr bescheiden. Im Südflügel begeistert neben Speisesaal, Thronsaal, Prunk- und Zeremoniensälen, die „Queen's Gallery" mit einer beeindruckenden Kunstsammlung. Zu den weiteren Attraktionen rund um den Buckingham Palace gehört das Garde-Museum, das über die königlichen Regimenter informiert, sowie „Royal Mews", der königliche Marstall mit dem Fuhrpark der Queen. Zu sehen gibt es eine große Anzahl an Luxuskarossen und Kutschen der Königin. Die vergoldete Kutsche wird nur für die Fahrt zur Krönungszeremonie in der Westminster Abbey genutzt.

Downing Street 10

Weltweit gibt es sicherlich keine Straße mit der entsprechenden Hausnummer, die so berühmt ist, wie die Downing Street 10, zwischen St. James Park und Themse. Hierbei handelt es sich um den eigentlichen Wohnsitz des Premierministers. Das Gebäude wird natürlich gut bewacht und außer dem Premier, seiner Familie und Parlamentariern wird niemand herein gelassen. Im Untergeschoss befinden sich Sitzungsräume und im Obergeschoss liegt die Privatwohnung. Zu den schönsten offiziellen Räumen gehört der Speisesaal mit einer gotischen Decke. Im Nachbargebäude wohnt normalerweise der Schatzkanzler. Allerdings bewohnt dieses Gebäude derzeitig der Premierminister Tony Blair mit seiner großen Familie.

Sehenswürdigkeiten von A bis Z

Harrods

In der Brampton Road steht eines der weltberühmtesten Kaufhäuser. Harrods gehört zu den Londoner Sehenswürdigkeiten wie der Buckingham Palace oder Big Ben und ist ein Sinnbild für ein britisches Mega-Kaufhaus. Allerdings gehört Harrods seit 1985 dem ägyptischen Unternehmer Mohammed al Fayed. Er hat in seinem Superstore einen Altar mit Bildern seines verunglückten Sohnes Dodi al Fayed und seiner mit ihm verstorbenen Lebensgefährtin Prinzessin Diana aufgestellt. Man kann darüber spekulieren, ob diese Pilgerstätte weitere Käufer anlocken soll. In dem gigantischen Geschäft kann man tagelang in 230 Abteilungen stöbern und nach Herzenslust einkaufen, wäre der Einkauf nicht durch die Reisekasse beschränkt. In dem Konsumtempel arbeiten gegenwärtig 4.000 Angestellte und wer Hunger hat, kann unter sechs Restaurants wählen. An die heutigen Ausmaße des Kaufhauses hätte Henry Charles Harrod selbst im Traum nicht gedacht, als er hier 1849 ein kleines Lebensmittelgeschäft eröffnete.

Hay's Galleria

Seite 17

Entlang der Themse fand an zahlreichen Standorten eine Revitalisierung statt. Alten Werft- und Lagergebäuden, die nicht mehr genutzt wurden und aufgrund ihrer Nähe zum Stadtzentrum einen hohen Bodenpreis bzw. Marktwert haben, wurde neues Leben eingehaucht. Ein gutes Beispiel für diese vielen Docklands-Renovierungprojekte ist die ansprechende Hay's Galleria. Hierbei wurde die Hay's Wharf, ein ehemaliger Umschlagplatz für Frachter und Teeklipper saniert. Die Fassaden wurden renoviert, neue Räume entstanden und zwischen den Häusern wurde eine große tonnenförmige Glasüberdachung gebaut. Wo früher die Dockarbeiter arbeiteten sitzen heute Einheimische und Besucher und genießen eine gute Mahlzeit, einen Tee oder ein Bier. Es enstand ein attraktiver Komplex mit Restaurants und netten Geschäften. Nur wenige Meter entfernt von der Hay's Galleria liegt das Kriegsschiff HMS Belfast, das vom Zweiten Weltkrieg bis 1965 genutzt wurde und heute ein Museumsschiff ist.

Sehenswürdigkeiten von A bis Z

Houses of Parliament

Das Parlamentsgebäude erstreckt sich entlang der Themse, unterhalb der Westminster Brücke. Dank des Glockenturmes rückt dieses große und eindrucksvolle Bauwerk in das Interesse der Stadtbesucher. Für die Bevölkerung ist das Bauwerk ohnehin von großer Bedeutung, da hier die Parlamentarier tagen. Das Bauwerk geht zurück auf den „Westminster Palace", ein Schloss, das im Jahre 1097 unter König William II. als Residenz gebaut wurde. Der Monarch und seine Nachfolger bauten das Schloss im Laufe der Zeit immer wieder repräsentativer aus. Die Könige empfingen hier die Lords (House of Lords) zur Beratung und später kamen auch Vertreter der Städte und Bezirke (House of Common) hinzu. Als Heinrich VIII. seinen Wohnsitz jedoch verlagerte, wurde aus dem Westminster Palace das Houses of Parliament. Hier tagte dann das Oberhaus, das so genannte House of Lords und das Unterhaus, das House of Common und wurde endgültig zum britischen Parlament. 1837 zerstörte ein verheerender Brand große Teile des Bauwerkes und der anschließende Wiederaufbau erfolgte in der Zeit von 1840 bis 1860. Für den Wiederaufbau zeichneten sich die Architekten Augustus W. Pugin und Charles Barry verantwortlich und das prachtvolle, reich verzierte Gebäude erhielt eine Sandsteinfassade und Steinfiguren, Erker, Nischen, Spitztürme und Pfeiler. Den schönsten Blick hat man von der gegenüberliegenden Uferseite oder von der Westminster Bridge, vorbei am Big Ben. Leider kann das Parlamentsgebäude aus Sicherheitsgründen nicht besichtigt werden. Allerdings ist eine Besuchergalerie eingerichtet, von der man bei Debatten zusehen kann.

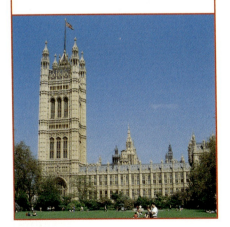

Sehenswürdigkeiten von A bis Z

Hyde Park

Im Westen der Altstadt reihen sich mit dem St. James Park, dem Green Park, dem Hyde Park und dem Kensington Garden vier schöne Parkanlagen aneinander. Der Hyde Park ist mit einer Fläche von 310 Hektar der größte Park Londons und wird oft als grüne Lunge bezeichnet. Zunächst war das Gebiet des heutigen Parks ein Jagdgebiet von Heinrich VIII. und wurde 1635 durch Charles I. für die Öffentlichkeit geöffnet. Zunächst zog es wohlhabende Bürger in den Hyde Park. Die größte Veränderung erfuhr dieser „Naherholungsraum" im Jahre 1730. Queen Caroline veranlasste, dass der See „The Serpentine" angelegt wurde. Bei der Einweihung des Gewässers wurde die bedeutende Seeschlacht von Trafalgar nachgespielt. Heute kann man sich ein Ruderboot mieten und eine Runde auf dem See drehen oder gegenüber der Bootshäuser das Freibad „The Lido" aufsuchen. Wer Wandern oder Spazieren gehen möchte, findet eine Vielzahl von Wegen vor. Man sollte auf jeden Fall in die nordöstliche Ecke des Parks gehen. Hier befindet sich der „Speaker's Corner", ein Platz an dem sich seit 1872, seitdem das Versammlungsrecht offiziell anerkannt wurde, Londoner Bürger präsentieren und lautstark ihre Meinung äußern. An Werktagen ist es hier mittlerweile still geworden aber am Wochenende stellen sich Bürger vielfach auf eine Leiter und reden über Politik, Gott, das aktuelle Tagesgeschehen und die Welt. In der Nähe des Kundgebungsplatzes steht Marble Arch, ein Triumphbogen nach dem Vorbild des Konstantinbogens in Rom. Wellington Arch ist ein weiterer Triumphbogen, der in der südöstlichen Ecke, in der so genannten Hyde Park Corner steht. Neben interessanten Leuten gibt es im Hyde Park viele schöne Statuen, wie z. B. Peter Pan und das Hudson-Vogelschutz-Gebiet zu entdecken. Wer ausreichend Zeit hat, sollte dem hektischen Stadtzentrum entfliehen und in der grünen Lunge Hyde Park Kräfte für den Besuch der nächsten Highlights der Metropole sammeln.

Seite 19

Sehenswürdigkeiten von A bis Z

Lloyd's Building

London hat viele interessante Bauwerke zu bieten, unter denen jedoch das Hochhaus der berühmten Versicherungsgesellschaft Lloyd`s etwas ganz besonderes ist. Es steht an der Ecke Abchurch Street/Lombard Street und wurde 1986 von dem Londoner Star-Architekten Richard Rogers entworfen. Dieses High-Tech-Bauwerk aus Stahl und Glas sowie unzähligen Röhren besticht vor allem wenn es beleuchtet wird. Insgesamt beliefen sich die Baukosten auf 163 Mio. Pfund.

London Aquarium

Schräg gegenüber vom Uhrenturm Big Ben, an der Westminster Bridge, am Ufer der Themse steht das Londoner Aquarium. Es ist im Untergeschoss der County Hall untergebracht. In den großen Aquarien leben unzählige Fluss- und Meeresbewohner. In dem Pazifik-Aquarium sind unter anderem Haie zu sehen. In einem Streichelaquarium können die Fische, wie zum Beispiel Rochen, gestreichelt werden.

Madame Tussaud's

Das weltberühmte Wachsfigurenkabinett hat eine lange und sehr interessante Geschichte und geht zurück in die Zeit der französischen Revolution. Es war die Elsässerin Marie Großholtz, die am Hof des französischen Königs Ludwig XVI. als Wachsbildnerin beschäftigt war. Während der blutigen Revolution musste sie von den enthaupteten Persönlichkeiten Totenmasken erstellen. Im Alter von 74 Jahren kam sie nach London, ließ sich nieder und eröffnete das Wachsfigurenkabinett, das zu einer der größten Attraktionen Londons geworden ist. Natürlich sind hier neben der Königsfamilie und vielen internationalen Politikern auch Berühmtheiten aus dem Showgeschäft und Sport zu sehen. Diese hochkarätige Sehenswürdigkeit befindet sich im Nordwesten des Stadtzentrums, an der Marylebone Road.

Sehenswürdigkeiten von A bis Z

Millennium Bridge

Es dauerte mehr als 100 Jahre, bis wieder eine Brücke über die Themse gebaut wurde. Nachdem 1894 die berühmte Tower Bridge fertiggestellt wurde, dachten die Stadtplaner trotz des zunehmenden Straßenverkehrs nicht an eine neue Brücke. Erst der Jahrtausendwechsel wurde als willkommene Gelegenheit gesehen ein besonderes Brückenbauprojekt durchzuführen. Kein geringerer als Sir Norman Foster plante eine Millennium-Brücke zwischen St. Paul's Cathedral und dem Kraftwerk, in dem das Kunstmuseum Tate Modern untergebracht ist. Es entstand eine auffällige 320 Meter lange Brücke mit einer futuristischen Stahlkonstruktion, die in einem krassen Gegensatz zu den übrigen Themsebrücken steht. Als sich jedoch zu viele Passanten auf der Brücke befanden, wackelte die Brücke, so dass sie zunächst wieder gesperrt und die Statik verbessert wurde.

Museum of London

Zu den interessanten Museen der Metropole gehört das Stadtmuseum „Museum of London", wenige hundert Meter nördlich von der St. Paul`s Kathedrale. Hier wird dem Museumsbesucher die Stadtgeschichte sehr anschaulich und lebendig vermittelt. Das Museum wurde 1976 eröffnet und ist über eine Fußgängerbrücke von der stark befahrenen Straße „London Wall" zu erreichen. In chronologischer Reihenfolge besichtigt man die Ausstellungen zur Stadtgeschichte und beginnt dementsprechend in der prähistorischen Zeit und wandelt durch die Römerzeit und das Mittelalter bis in die Gegenwart. Auch der verheerende Stadtbrand von 1666 ist dargestellt. Zurückversetzt fühlt man sich in der nachgebauten Kaufmannsvilla aus dem 17. Jahrhundert, in einer alten Gefängniszelle oder einem Lebensmittelladen. Interessant sind neben den lebendigen Ausstellungen auch die Präsentationen und so werden Videos gezeigt und Vorlesungen gehalten.

Seite 21

Sehenswürdigkeiten von A bis Z

Nationalgalerie und Nationale Portraitgalerie

Die „National Gallery" befindet sich an dem lebhaften Trafalgar Square und gehört zu den bedeutendsten Gemäldegalerien der Welt. Wer sich für Kunst interessiert und ausreichend Zeit zur Verfügung hat, der wird hier auf seine Kosten kommen. Zunächst beeindruckt das Gebäude durch die breite Fassade mit den mächtigen Säulen. Das Bauwerk wurde 1838 von William Wilkins erbaut und beherrscht den Trafalgar Square. 1991 wurde der Anbau an der Westseite fertiggestellt und mit dem Namen Sainsbury Wing, nach den Sponsoren, den Gebrüdern Sainsbury, den Inhabern einer Lebensmittelkette benannt. Im Inneren ist von modernem Sponsoring nicht mehr viel zu merken, denn hier zählt nur die reine Kunst. Mehr als 2.200 Gemälde aus den Jahren 1260 bis 1900 gilt es zu besichtigen. Hierbei sind Werke englischer Maler aus verschiedenen Epochen und weiterer europäischer Maler zu sehen. In dem Kunstmuseum sind die Gemälde entsprechend ihres Alters in verschiedenen Flügeln untergebracht. In dem neuen Sainsbury Wing werden Gemälde aus der Zeit von 1260 bis 1510, wie z. B. Leonardo da Vincis „Felsgrottenmadonna" ausgestellt. Im West Wing können Werke aus der Zeit von 1510 bis 1600 (z. B. Cranach, Michelangelo, El Greco, Tizian, Veronese) und im North Wing aus der Zeit 1600 bis 1700 (z. B. Rembrandt, Vermeer, Rubens, van Dyck) bewundert werden. Die jüngsten Gemälde sind im Ost-Flügel (East Wing) untergebracht. Hier sieht man Werke u. a. von Cézanne, van Gogh, Monet, Renoir und dem bekanntesten englischen Maler William Turner.

Direkt neben der Nationalgalerie befindet sich die Nationale Portraitgalerie (National Portrait Gallery), die über rund 10.000 Portraits von englischen Königen, Politikern, Schriftstellern und Musikern verfügt. Von Shakespeare und Henry VIII. über Margaret Thatcher und Paul McCartney bis zum Fußballstar David Beckham sind hier alle berühmten Engländer zu finden.

Sehenswürdigkeiten von A bis Z

Oxford Street

Die berühmte Londoner Straße stellt eine wichtige und verkehrsreiche Ost-West-Verbindung im nördlichen Stadtzentrum dar. Allerdings dürfen hier nur Busse und Taxis fahren. Die Oxford Street ist das Mekka für alle Einkäufer. Gerade in der Weihnachtszeit zieht es jeden in die Straße und dann wird man nur noch über die Gehsteige geschoben. Benannt wurde sie nach Edward Harley, dem zweiten Earl of Oxford, der diese Straße im Jahre 1713 kaufte. Sie erfüllte zunächst eine Wohnfunktion und wandelte sich gegen Ende des 19. Jahrhunderts zu einer Geschäfts- und Einkaufsstraße. Bis heute hat sich daran nicht viel geändert und so reihen sich die Konsumtempel aneinander. Die Geschäftsleute haben schnell erkannt, dass es auch die Touristen hierhin zieht und so wurden unzählige Souvenirgeschäfte eingerichtet. Besondere Beachtung finden jedoch die größeren Kaufhäuser, wie Marks & Spencer und das Einkaufszentrum Selfridges, dass der Amerikaner Gordon Selfridge 1909 hier eröffnete und in dem der Kunde alles vorfindet. Begrüßt wird man von einem Jugendstilengel, der über dem Haupteingang steht. Einen Blick sollte man auch mal in die CD-Geschäfte von Virgin Records und HMV werfen, deren CD-Angebot sagenhaft ist.

Seite 23

Sehenswürdigkeiten von A bis Z

Piccadilly Circus

Der klanghafte Platz Piccadilly Circus ist ein Treffpunkt und einer der verkehrsreichsten Knotenpunkte Londons. Die Lower Regent Street, Haymarket, Coventry Street und Shaftesbury Avenue laufen hier zusammen. Von dem berühmten Stadtplaner John Nash wurde der Platz gegen Ende des 18. Jahrhunderts entworfen. Umgeben ist Piccadilly Circus von einigen schönen Gebäuden und der markanten Lichtreklame, die gerade am Abend eine besondere Wirkung hat. Die vielen Autos, die oft ein Hupkonzert veranstalten, den Piccadilly Circus verstopfen und mit Abgasen belasten haben auch schon ihrer Wirkung gezeigt und so wurde die Aluminiumstatue in der Mitte des Platzes stark in Mitleidenschaft gezogen und musste versetzt werden. Hierbei handelt es sich nicht um eine „Eros-Statue" wie vielfach angenommen wird, sondern sie zeigt den Engel der Wohltätigkeit, der 1893 von Alfred Gilbert geschaffen wurde. Rund um den lebendigen Platz befinden sich einige Anziehungspunkte, wie der London Pavillon mit einer Ausstellung zur Rockgeschichte und das Pepsi Trocadero, ein gigantisches Unterhaltungs- und Einkaufshaus. An dem Platz beginnt auch die Straße Piccadilly mit vielen interessanten Geschäften und dem riesigen Buchgeschäft Waterstone, dem Delikatessenladen Fortnum & Mason, der auch den königlichen Hof beliefert und dem weltberühmten Hotel „Ritz".

Seite 24

Soho

Das bekannte Stadtviertel Soho befindet sich nördlich vom Piccadilly Circus und ist wegen der vielen Ausländer aus unterschiedlichen Herkunftsländern bekannt. Als erste Volksgruppe ließen sich die Hugenotten nieder, die aus Frankreich flohen. Dann kamen weitere Franzosen, die während der Französischen Revolution flüchteten. Es folgten viele weitere ethnische Gruppen. Heute ist Soho ein Stadtviertel mit kleinen und einigen schäbigen Straßen, in denen man auf billige Restaurants, Striptease-Lokale und Sex-Kinos stößt.

Sehenswürdigkeiten von A bis Z

St. James Church

Wie die St. Paul's Cathedral, so trägt auch die St. James Church die Handschrift des Meisterarchitekten Sir Christopher Wren. Sie steht rund 300 Meter nördlich vom St. James Park. Anders als die meisten Londoner Kirchen wurde sie an einer Stelle errichtet, an der vorher keine Kirche stand. 1674 konnte das schöne Kirchengebäude eingeweiht werden. Die Kirche verfügt über ein sehenswertes Innenleben und ist vor allem wegen der Märkte bekannt. Auf dem Kirchhof finden am Mittwoch und Samstag ein Handwerks- und Kunstmarkt und am Dienstag ein Antiquitätenmarkt statt.

Seite 25

St. James Park

Wer den ganzen Tag in London unterwegs ist und von Sehenswürdigkeit zu Sehenswürdigkeit hetzt, der sollte sich in dem netten St. James Park niederlassen und wieder Kräfte für das weitere Besichtigungsprogramm sammeln. Die Parkanlage erstreckt sich südlich der Prachtstraße „The Mall" zwischen Buckingham Palace und Downing Street. Aus dem einstigen Privatgarten der Könige wurde unter Charles I. ein öffentlicher Park, der älteste königliche Park der Stadt. 1660 wurde der Park neugestaltet und in der Folgezeit verwahrloste der Park zunehmend. Sein heutiges Erscheinungsbild mit dem See im Mittelpunkt verdankt er den Ideen von George IV. der sich jedoch von John Nash beraten ließ. Heute zieht es die Bevölkerung wie auch die Stadtbesucher in diese grüne Oase. Die vielen Liegestühle können kostenlos genutzt werden und damit keine Langeweile aufkommt, treten vielfach Musikkapellen auf. Besonders eindrucksvoll ist es den vielen Vögeln zuzusehen. Schwäne, Enten, Gänse und Kormorane betteln die Passanten an. Noch vor wenigen Jahren wurden hier auch Pelikane gehalten, die mussten jedoch in den Zoo umziehen, da sie die Tauben attackierten und mitunter auch fraßen.

Sehenswürdigkeiten von A bis Z

St. Katherine Docks

Wie in vielen anderen Großstädten, so wurden auch in London die Hafen- und Werftbereiche, die so genannten Docklands wieder zu neuem Leben erweckt. Neben Canary Wharf und der Hay's Gallery sind auch die St. Katherine Docks am nördlichen Themseufer, unweit der Tower Bridge erfolgreiche Sanierungsprojekte. 1820 wurden die ursprünglichen Hafenanlagen gebaut, an denen die Schiffe gelöscht wurden. Die Güter wurden dann in dem großen Ivory House gelagert. Dieses „Elfenbein Haus" erhielt seinen Namen, da hier bis zu 200 Tonnen Elfenbein gelagert wurden. In der Nachkriegszeit wurden die Frachter immer größer und die Themse war für diese großen Schiffe nicht mehr schiffbar. Die Häfen verlagerten sich flussabwärts in die Nähe des Mündungsgebietes, was zur Folge hatte, dass die Bedeutung der Docklands zurückging. Die St. Katherine Docks waren das erste Docklands-Erneuerungsprojekt. Hier entstand ein sehenswerter Luxusyachthafen.

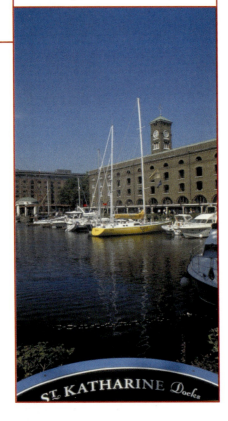

Sehenswürdigkeiten von A bis Z

St. Paul's Cathedral

Die riesige St. Paul's Cathedral ist nach dem Petersdom in Rom das zweitgrößte Kirchenbauwerk der Welt. Und auch wenn die Kirche mittlerweile zugebaut wurde, prägt der Dom mit seiner großen Kuppel weiterhin die Silhouette der Hauptstadt. St. Paul's steht heute auf einer kleinen Anhöhe, rund 300 Meter von der Themse entfernt. Hier wurde bereits in römischer Zeit ein Tempel errichtet und im Jahre 604 eine Kirche. Diese brannte im Jahre 1087 nieder und so begann man im 11. bis 13. Jahrhundert mit dem Bau einer neuen wesentlich größeren Kirche, die im Mittelalter zu den größten Kirchen Europas zählte. Ein verheerendes Feuer vernichtete auch dieses Bauwerk und der große Stadtbrand im Jahre 1666 beendete jede Hoffnung die Kirche wieder aufzubauen. Die Kirchenfürsten beauftragten den damaligen Stararchitekten Christopher Wren mit dem Bau einer neuen Kirche. Er wollte ein Kuppelbauwerk schaffen, das dem Petersdom in Rom ähnelte. Während der 36 jährigen Bauzeit wurden zwar die Pläne immer wieder geändert, das Ziel ein mächtige Renaissance-Kirche zu bauen, wurde jedoch erfolgreich realisiert. 1711 waren die Bauarbeiten abgeschlossen und ein imposantes Gotteshaus mit einem 170 Meter langen Kirchenschiff und einer Kuppel mit einem Durchmesser von 31 Metern und einer Höhe von 111 Metern, die von großen Säulen getragen wird, entstand. Die Kuppel besteht aus drei Schalen. Neben dem Hauptportal stehen zwei identische Barocktürme. Auch die Krypta gehört zu den Superlativen. Sie gehört zu den größten ihrer Art und erstreckt sich in dem gesamten Untergeschoss der Kirche. In der Krypta und einige Seiten- und Querschiffen findet man die letzten Ruhestätten vieler Persönlichkeiten, wie die des Malers William Turner, Admiral Nelsons und des Erbauers Sir Christopher Wren. Sein Grab trägt die bemerkenswerte Inschrift „Wenn du ein Denkmal suchst, dann blicke Dich um". Auch das Grabmal des legendären Admirals Horatio Nelson findet besondere Beachtung, denn es besteht aus einem schwarzen Marmorsarkophag auf einem mächtigen Sockel. Aber nicht nur Trauerfeiern, sondern auch Hochzeiten wurden in der Kathedrale durchgeführt und so gaben sich Prinz Charles und Diana hier das Ja-Wort. Wer durch die Kirche geht, wird von den Ausmaßen und den zahlreichen Kunstwerken begeistert sein. Unter den Werken bestechen die Fresken in der Kuppel, die von James Thornhill

Seite 27

Sehenswürdigkeiten von A bis Z

gemalt wurden und Szenen aus dem Leben des Apostels Paulus zeigen. Sehenswert sind auch die Schnitzarbeiten in der Kapelle „Chapel of the Order of St. Michael and St. George" im südlichen Seitenschiff. Beeindruckend ist ferner das Kunstwerk „Light of the World" von Holman Hunts. Lohnenswert ist in jedem Fall der Aufstieg zur Kuppel. 600 Stufen müssen bewältigt werden, aber belohnt wird man mit einem herrlichen Panorama über die Metropole.

Southwark Cathedral

Am südlichen Ufer der Themse steht die schöne Kirche, die seit 1905 den Rang einer Kathedrale hat. Sie wurde an der Stelle eines romanischen Klosters gebaut, das im Jahre 1212 durch einen Brand vernichtet wurde. Die neue gotische Kirche wurde 1420 vorläufig fertig gestellt, jedoch in den folgenden Jahrhunderten stark vernachlässigt, so dass eine umfangreiche Renovierung durch Arthur Bloomfield Ende des 19. Jahrhunderts erforderlich war. Im Inneren begeistern die großen Säulen und einige Kunstwerke, wie die figurenreiche Altarwand aus dem 16. Jahrhundert und die Glasfenster, die von Christopher Webb geschaffen wurden und Szenen aus den Dramen von Shakespeare zeigen. Diese besonderen farbenprächtigen Glasfenster wurden 1954 angefertigt und symbolisieren den Bezug des großen Schriftstellers Shakespeare zum Stadtteil Southwark.

Sehenswürdigkeiten von A bis Z

Tate Britain und Tate Modern

Das bedeutende Kunstmuseum mit dem ungewöhnlichen Namen Tate Britain oder „Tate Gallery of British Art", im Süden des Zentrums an der Themse geht zurück auf den Nachlass von Henry Tate. Dieser berühmte Zuckerwürfelfabrikant und Kunstsammler vermachte der Stadt eine Sammlung von 60 wertvollen Gemälden bekannter englischer Maler. Ein altes Gefängnis wurde abgerissen und an der Themse ein neoklassizistisches Bauwerk gebaut. 1897 wurde das Museum eröffnet. Heute hat das sehenswerte Museum zwei Schwerpunkte. Zum einen ist hier die Kunst der englischen Maler vom 16. bis zum Ende des 19. Jahrhunderts zu bewundern und darüber hinaus zeigen Ausstellungen die Werke internationaler Künstler seit 1880. Besonders beeindrucken die Gemälde des berühmten englischen Landschaftsmalers William Turner (1775-1851), dessen Bilder in dem neuen Anbau, der Glore Gallery zu bestaunen sind. Da die Anzahl der gesammelten Werke dieses mittlerweile international bedeutenden Kunstmuseums stark zunahm, entschied man sich, die Sammlungen des 20. Jahrhunderts auszulagern und in einem anderen Bauwerk unterzubringen. Weit entfernt von dem Haupthaus sind nun, in der Nähe des südlichen Themseufers, gegenüber der St. Paul's Cathedral, die moderneren Werke in der Banksite Power Station zu bewundern. Seit dem Jahr 2000 sind in der „Tate Modern" oder „Tate Gallery of Modern Art" die Arbeiten u. a. von Monet, Beuys, Léger, Duchamp, Mondrian und Warhol ausgestellt. Lohnenswert ist auch der Besuch des Restaurants im Obergeschoss, von dem man einen faszinierenden Ausblick auf die Stadt hat. Zwischen den beiden Museumsgebäuden verkehren Busse und Boote.

Seite 29

Sehenswürdigkeiten von A bis Z

Tower Bridge

Die Tower Bridge gehört neben der Golden Gate Bridge in San Francisco zweifelsfrei zu den berühmtesten Brücken der Welt und ist eine unbestrittene Hauptattraktion der Stadt. Sie hilft seit 1886 die Themse zu überwinden und gehört auch mehr als 100 Jahre nach der Eröffnung zu den wichtigen und vielbefahrenen Brücken der Stadt. Die Besucher strömen in Scharen zu dieser bedeutenden Sehenswürdigkeit und lassen sich in der kleinen Grünanlage südlich der Brücke nieder, um die geschäftige Brücke, die immerhin eine beachtliche Länge von 805 Meter Länge hat, zu beobachten. Unzählige Autos und Busse fahren auf der Brücke und unten durch passieren zahlreiche Schiffe. Zwischen 1886 und 1894 baute man die Brücke, um den enormen Schiffs- und Fährverkehr zu entlasten. Damit auch die Frachter unter der Brücke hindurchfahren konnten, entstand eine zweiteilige Zugbrücke, die rund 9 Meter über der Themse verläuft. Im Bedarfsfall dauert es 90 Sekunden bis die Brücke für Schiffe ganz geöffnet ist. Seit den siebziger Jahren wurde die hydraulische Anlage durch eine elektrische ersetzt. Die alten großen Maschinen können besichtigt werden. Was den Reiz der Brücke ausmacht, sind die beiden neogotischen Brückentürme, die von dem Architekten Sir Horace Jones entworfen wurden. Sie beherbergen heute das „Tower Bridge Museum", das über die Geschichte der berühmten Brücke in anschaulicher Weise informiert. Ein Ausflug zur Tower Bridge lohnt sich besonders am Abend, wenn das faszinierende Bauwerk angestrahlt wird.

Sehenswürdigkeiten von A bis Z

Thamse

Der Fluss Themse ist Englands berühmtester Fluss und durchfließt auf einer Länge von 296 Kilometern Südengland. Entlang der Themse reihen sich idyllische Landschaften, historische Städte, reizvolle Dörfer und die Weltstadt London. Die Themse endet wenige Kilometer von London entfernt an dem Thames Barrier in Greenwich. Hier wurde eine Schutzanlage gebaut, die verhindern soll, dass London von Sturmfluten heimgesucht wird. Der Frachtverkehr auf der Themse ist aufgrund der großen modernen Frachter stark zurückgegangen und gegenwärtig überwiegen die kleinen Ausflugsschiffe.

The Mall

Die Prachtstraße „The Mall" wurde bereits 1660 als schöne Allee angelegt. Sie erstreckt sich zwischen dem Buckingham Palace und dem Trafalgar Square und trennt den schönen St. James Park von dem Schloss St. James Palace. The Mall wird durch das Monument „Queen Victoria Memorial" am Buckingham Palace und den Triumphbogen Admirally Arch am Trafalgar Square begrenzt. Beide Attraktionen wurden nach den Entwürfen von Sir Aston Webb geschaffen. Die schnurgerade Straße ist heute eine Flaniermeile und repräsentative Straße für königliche Zeremonien. Seit 1911 dürfen über die Straße wieder Autos fahren, daher ist es mit der Stille auf den schattigen Gehwegen vorerst vorbei. Lediglich am Sonntag herrscht Fahrverbot und dann ist es besonders schön, wenn man zum Schloss geht. Hierbei passiert man auch das schöne Bauwerk Carlton House Terrace, das von John Nash 1830 erbaut wurde und über eine faszinierende klassizistische Fassade mit unzähligen Säulen verfügt. Weitere schöne Gebäude entlang der Prachtstraße sind das hochherrschaftliche Marlborough House von 1711 und der schlicht wirkende Ziegelbau St. James Palace, der schon 1532 fertiggestellt wurde.

Sehenswürdigkeiten von A bis Z

Tower of London

Am nördlichen Themseufer, einen Steinwurf von der Tower Bridge entfernt, steht der monumentale Tower of London. Diese gigantische uneinnehmbar scheinende Festung ist bekannt wegen der Kronjuwelen, die hier sicher gelagert werden. Es war der berühmte Normannenkönig Wilhelm der Eroberer, der diese Festung im Jahre 1078 erbauen ließ. Zunächst entstand eine simple Holzfestung, doch seine Nachfolger ließen die Burg immer weiter ausbauen. Ende des 13. Jahrhunderts wurde unter Edward I. die einfache normannische Burg zu einem mittelalterlichen Schloss umgebaut. Im Laufe seiner Geschichte diente die große Festungsanlage als Residenz der Könige, als Hinrichtungsstätte und sogar als Zoo. Wer sich dem Gesetz nicht beugte, wurde „in den Tower geworfen" und so wurden u. a. Thomas Morus und Rudolf Hess inhaftiert. Auch heute noch wird der Tower von den so genannten „Beefeaters" streng bewacht, die bereits unter Heinrich VII. dienten. Sie können allerlei Schauriges aus der Vergangenheit der Festung erzählen, in der viele Monarchen ein blutiges Ende bereitet wurde. Um 22.00 Uhr erfolgt eine feierliche Übergabe der Schlüssel und die Festung wird verriegelt. Die große Festungsanlage hat viel Wertvolles und Kurioses zu bieten. In der Anlage werden Raben gehalten, denn der Sage nach soll der Tower einstürzen, wenn die Raben die Festung verlassen. Zum Schutz des Tower füttert man die Rabenvögel und stutzt ihnen die Flügel. Gänsehaut läuft den Besuchern über den Rücken, wenn sie den Wakefield Tower und den Bloody Tower besichtigen. In dem Bloody Tower wurden die Kinder Edwards IV. ermordet und auf dem Tower Green steht ein schauriger Henker-Block. Zu dem wertvollsten Inventar gehören die Kronjuwelen, die seit 1994 in einem neuen Flügel, dem Jewel Tower untergebracht sind. Die wertvollen königlichen Insignien umfassen unter anderen das kreuzförmige Zepter mit dem weltweit größten geschliffenen Diamanten, dem so genannten „Ersten Stern Afrikas". Beachtenswert ist auch die Krone „Imperial State Crown" mit mehr als 2.800 kleinen Diamanten, die von der Königin nur bei besonderen Anlässen getragen wird.

Sehenswürdigkeiten von A bis Z

Trafalgar Square

Auf den großartigen Platz Trafalgar Square laufen die Straßen Pall Mall, Whitewall, Charing Cross und die Cockspur Street zu. Und die Prachtstraße „The Mall" verläuft vom Königsschloss Buckingham Palace durch den 1911 erbauten Triumphbogen „Admirally Arch", bis sie Trafalgar Square erreicht. Dieser schön gestaltete Platz ist ein riesiger Treffpunkt und Aktionsplatz sowie ein großes Monument, denn er erinnert an die glanzvollen Zeiten der Weltmacht England. Nach dem Entwurf von Sir Charles Barry wurde der Platz in den Jahren 1829 bis 1841 zu Ehren von Admiral Horatio Nelson, dem größten englischen Seehelden, geschaffen. Im Mittelpunkt des Platzes erinnert eine 55 Meter hohe Granitsäule an den Admiral, der am 21. Oktober 1805 im Kampf gegen eine französisch-spanische Flotte bei Trafalgar starb. Eine Statue erinnert an König Charles I. und die neueren Löwen-Brunnen wurden erst 1939 geschaffen. In der Sommerzeit nutzen Jugendliche die flachen Wasserbecken um sich ein wenig abzukühlen. Trafalgar Square wird jedoch nicht nur von Touristen besucht, die sich hier treffen oder hier ihre Stadtbesichtigung beginnen oder beenden, sondern der Platz spielt auch bei der Londoner Bevölkerung eine Rolle. Gerade in der Weihnachtszeit und zum Jahreswechsel kommen die Bürger hierhin, um den Weihnachtschören zuzuhören, den norwegischen Weihnachtsbaum zu bewundern oder an Silvester in das Neue Jahr zu kommen. Umgeben ist der lebendige Platz von einigen sehenswerten Gebäuden, wie dem „South Africa House", das 1935 nach den Entwürfen von Sir Herbert Baker gebaut wurde oder dem Canada-House, das von dem bekannten Architekten Robert Smirke entworfen wurde. Sehenswert ist auch die Kirche St. Martin in the Fields, die hier bereits im 13. Jahrhundert stand. Wichtigstes Bauwerk am Trafalgar Square ist die Nationalgalerie und die Nationale Portraitgalerie. Die „National Gallery" gehört zu den weltweit wichtigsten und umfangreichsten Gemäldegalerien.

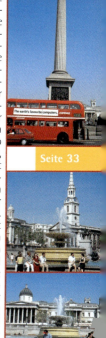

Seite 33

Sehenswürdigkeiten von A bis Z

Victoria and Albert Museum

Wer sich in London der Kunst und Kultur verschrieben hat, darf das Victoria und Albert Museum nicht auslassen, denn es gehört zu den beeindruckendsten Kunstmuseen des Landes. Sehenswerte Ausstellungen zeigen Kunst, Design, Fotografie, Möbel, Textilien und Schmuck. Erfreulicherweise kann man das Museum kostenlos besuchen.

Victoria Station

Der berühmte Bahnhof Victoria Station befindet sich im Südwesten der Altstadt. Auf diesem Bahnhof wurden große Staatsmänner gebührend empfangen. Als es im 19. Jahrhundert noch zwei Eisenbahngesellschaften gab, wurden auch zwei Bahnhöfe direkt nebeneinander gebaut. Im Jahre 1908 wurden die beiden Bahnhöfe dann zusammengelegt.

Westminster Abbey

Zwischen St. James Park und der Themse steht das beeindruckende Gotteshaus Westminster Abbey, die Krönungskirche der britischen Monarchen. Wird ein neues Staatsoberhaupt gekrönt, so wird dieses mit der nur für diesen Anlass geschaffenen und vergoldeten Kutsche vom Buckingham Palace zur Westminster Abbey gefahren. Als erster Monarch wurde hier Wilhelm der Eroberer im Jahre 1066 gekrönt. Seit mehr als 900 Jahren werden hier Krönungen vollzogen, Hochzeiten gefeiert oder Beerdigungen durchgeführt, wie die Trauerfeier für Prinzessin Diana 1997. Aber in der Kirche wurden nicht nur mit wenigen

Sehenswürdigkeiten von A bis Z

Ausnahmen alle Könige gekrönt, sondern auch bis zum Jahr 1760 beigesetzt. Aber auch weitere verdiente Briten wie z. B. William Shakespeare, Isaac Newton, Charles Dickens und Charles Darwin wurden hier beigesetzt. Die lange Geschichte der fantastischen zweitürmigen Kirche lässt sich bis in das 11. Jahrhundert zurückverfolgen. Unter König Edward wurde die Kirche erbaut und im Jahre 1065 eingeweiht. Nur wenige Tage nach der Einweihung starb König Edward. Sein Nachfolger war der Normannenkönig William der Eroberer, der die Briten 1066 bei der historischen Schlacht bei Hastings schlug und sich demonstrativ als erster in der Kirche krönen ließ. Bauliche Veränderungen erfuhr die Kirche unter Henry III. im 13. Jahrhundert und die Kirche wurde nach dem Vorbild der französischen Kathedralen von Reims und Amiens im gotischen Stil umfangreich ausgebaut. Nach dem Tod von Henry III. trat ein langer Baustopp ein, der erst im 14. Jahrhundert unter Richard II. aufgehoben wurde und 1399 wurde das Langhaus endgültig fertiggestellt. 1540 machte Heinrich VIII. die Kirche zum Bischofssitz. Im 16. Jahrhundert wurde das Deckengewölbe geschaffen und Mitte des 18.

Seite 35

Jahrhunderts wurden die beiden Türme gebaut, durch die das sakrale Bauwerk endgültig vollendet wurde. Wer Westminster Abbey besucht, sollte sich Zeit nehmen und die großzügigen Dimensionen im Kircheninneren auf sich wirken lassen. Das Haupthaus hat eine stolze Länge von 156 Metern und die Höhe beträgt beachtliche 34 Meter. Zu den schönsten Teilen gehört die Kapelle mit dem Grab Henry VII. , das 1828 hinter den Altar verlegt wurde. Das beeindruckende Grabmal wurde von dem italienischen Bildhauer Torrigiani geschaffen. Ein ebenfalls sehr prunkvolles Grabmal ist das Grab von König Edward dem Bekenner, der 1121 heilig gesprochen wurde. Die Anzahl der Grabmäler ist beeindruckend und ebenso begeistern die vielen Statuen. Ein überdimensionales Kunstwerk stellt das Westfenster dar, in dem die Figuren vieler Propheten zu sehen sind. Die Liste weiterer Sehenswürdigkeiten und Kunstwerke in der Abtei ist lang und umfasst das Grabmal des Unbekannten Soldaten, die Engelsfiguren aus dem 13. Jahrhundert, den Thron mit den vergoldeten Löwen, den Mosaikfußboden (13. Jh.), die Liegefiguren und das Marmormonument in der St. Nicholas Kapelle. Wer sich über die Geschichte der bedeutenden Kirche eingehend informieren möchte, sollte das Abtei-Museum in der normannischen Krypta besuchen.

Sehenswürdigkeiten von A bis Z

Whitehall

Ausgehend vom Trafalgar Square Richtung Houses of Parliament verläuft die Regierungsmeile. Den Namen gab Heinrich VIII. der Straße, denn als der Westminster Palace, ein Vorgängerbau des heutigen Houses of Parliament bei einem großen Brand in der Mitte des 16. Jahrhunderts zerstört wurde, musste er in den Palast der Bischöfe, in das York House umziehen, das er Whitehall nannte. Heute trägt der ganze Straßenzug den Namen und wird gesäumt von nahezu allen Ministerien. Am schönen Horse Guard Building (1750-1760) lohnt sich ein Besuch um 10.00 Uhr zur Wachablösung.

Praktische Reisetipps und Infos von A bis Z

Anreise

Die Anreise nach Südengland kann durch den Kanaltunnel erfolgen. Dieser verbindet Calais in Nordfrankreich und Dover in Südengland. Hierbei fährt der Reisebus in den großen Autoreisezug „Le Shuttle" und befördert die Reisenden in 35 Minuten nach England. Darüber hinaus stehen auch Fährverbindungen wie Stena Line zur Verfügung, deren Schiffe zwischen Hoek van Holland und Harwich verkehren sowie von P&O Stena Linie zwischen Calais und Dover sowie Zeebrügge und Dover.

Bootstouren

Auf der Themse werden zahlreiche Bootstouren angeboten. Insgesamt bestehen 24 Anlegestellen zwischen dem Hampton Court Palace im Westen und unter der berühmten Tower Bridge hindurch nach Gravesend im Osten.

Diplomatische Vertretungen

Bei schwerwiegenden Problemen ist es ratsam sich an die Botschaft zu wenden:

Botschaft der Bundesrepublik Deutschland, 23 Belgrave Square, London SW1X8PZ, Tel. 020-78241300, Fax 020-78241435

Botschaft der Schweiz, 16-18 Montague Place, London W1, Tel. 020-76166000

Botschaft von Österreich, Belgrave Street, London SW1 Tel. 020-72353731

Seite 37

Praktische Reisetipps und Infos von A bis Z

Dokumente
Für die Einreise nach Großbritannien benötigt der Urlauber einen gültigen Personalausweis oder einen Reisepass.

Einkaufen
In London gibt es unzählige Geschäfte. Leider ist das Preisniveau sehr hoch, was die Einkaufsfreude schon mal trüben kann. Die Geschäfte sind in der Regel von Montag bis Freitag von 9.00 bis 17.30 und in größeren Orten am Mittwoch und/oder Donnerstag bis 20.00 Uhr geöffnet. Größere Geschäfte haben an allen Werktagen länger geöffnet.

Feste und Feiern
Der Nationalfeiertag ist der Geburtstag der Königin Elizabeth II. und wird am 2. Samstag im Juni gefeiert. Weitere Feiertage sind der 1. Januar (New Year's Day), am Karfreitag (Good Friday) und am Ostermontag (Easter Monday). Am ersten Montag im Mai ist „May Day" und am letzten Montag im Mai und August ist „Bank Holiday". Darüber hinaus sind der 25. und 26. Dezember Feiertage. Neben diesen Feiertagen werden in London zahlreiche Aktivitäten, Feste und Events gefeiert. Dazu gehört die größte Straßenparty „Notting Hill Carnival", die alljährlich Ende August in dem Stadtviertel Notting Hill gefeiert wird. Bei diesem karibischen Karneval herrscht stets eine ausgelassene Stimmung. In Chinatown, zwischen Leicester Square und Gerrard Street findet Ende Januar eine Feier zum Beginn des Chinesischen Jahres statt. Dann wird in den Straßen ausgiebig gefeiert und natürlich findet auch der traditionelle Drachentanz statt. In der Osterzeit zieht es viele Menschen an die Themse, dann messen sich die Universitäten von Oxford und Cambridge im Bootsrennen. Ein wesentlich berühmteres sportliches Ereignis ist „Wimbledon Lawn Tennis Championship" (Ende Juni/Anfang Juli). Die besten Tennisspieler der Welt zieht es dann auf die Rasenplätze in den Stadtteil Wimbledon.

Praktische Reisetipps und Infos von A bis Z

Geld

In Großbritannien sind die Banken und Bankautomaten, an denen man Geld erhält, zahlreich. Neben den gängigen Kreditkarten wird auch die ec-Karte überwiegend akzeptiert. In England sind die Banken von Montag bis Freitag in der Zeit von 9.30 – 15.30 Uhr geöffnet. Darüber hinaus findet man in London auch viele Wechselstuben.

Hotels

Die Bandbreite der Hotels in London reicht vom einfachen Hotel bis zum Luxushotel und vom „Country House" bis zu herrschaftlichen Häusern. Die Ausstattung und Qualität entspricht dem europäischen Standard. In den größeren Hotels wird teilweise auch deutsch gesprochen. Vielfach liegen die Hotels in London außerhalb vom Stadtzentrum. Hierbei sollte man sich an der Rezeption nach den günstigsten Verkehrsmitteln zu den Highlights im Stadtzentrum erkundigen.

Informationen

Wer sich im Vorfeld der Reise über London informieren möchte, sollte sich an das Fremdenverkehrsamt Großbritanniens wenden. Hier erhält man ausführliches Informationsmaterial. Um einen freiwilligen Beitrag für Porto- und Druckkosten wird gebeten. Adresse: British Tourist Authority, Westendstraße 16-22, D-60325 Frankfurt, Tel. 01801-468642, Fax 069-97112444. Internet: www.visitbritain.com/de. In London informiert ein umfangreiches Informationszentrum „Britain Visitor Centre" in der Lower Regent Street Nummer 1. Im Internet erhält man Infos über die Metropole unter www.londontouristboard.com.

Praktische Reisetipps und Infos von A bis Z

Maße und Gewichte

In Großbritannien läuft bzw. fährt vieles anders und damit ist nicht nur der Linksverkehr gemeint. In dem Vereinigten Königreich wurde das Dezimalsystem zwar 1973 eingeführt, es hat sich jedoch kaum durchgesetzt und so gibt es statt Kilometer die Meilen (miles). Eine Meile entspricht 1,609 Kilometer. Weitere Maße und Gewichte sind 1 inch = 2,54 cm; 1 foot = 30,38 cm, 1 acre = 4.047 m^2, 1 pint = 0,57 Liter, 1 gallon = 4,54 Liter und 1 ounce entspricht 28,35 Gramm.

Nachtleben

Die Weltstadt am Abend und in der Nacht zu erleben bleibt ein unvergessenes Erlebnis, denn hier kehrt London eine andere Seite hervor. Die meisten bedeutenden Gebäude präsentieren sich dann im Flutlicht und entlang der Themse spazieren Einheimische und Fremde und genießen die herrlichen Ausblicke auf die beleuchtete Stadt. Das Kulturprogramm ist unerschöpflich und reicht von Theater, Kino bis hin zum Musical. Gerade Musicals spielen in London eine große Rolle und so kann man u. a. Les Misérables, Cats, König der Löwen, My fair Lady und das Phantom der Oper besuchen. Wer danach in ein Restaurant möchte, hat die Qual der Wahl, denn die Küchen aus aller Welt sind in London zuhause. Auf jeden Fall sollte man eine Kneipe, den so genannten Pub besuchen. Allerdings nicht so spät, denn um 23.00 Uhr heißt es auch heute noch „Last order, please" und danach steht der Zapfhahn still. Wer mit öffentlichen Verkehrsmitteln unterwegs ist, sollte daran denken, dass die Busse bis 24.00 Uhr und die U-Bahnen bis 1.00 fahren. Glücklicherweise gibt es die bewährten Londoner Taxis, denen man nur Zuwinken muss. Über das vielfältige Angebot und die Events informiert das Stadtmagazin „Time out", das man an den Zeitungskiosken und Touristenbüros erhält.

Praktische Reisetipps und Infos von A bis Z

Notfall
Im Notfall sollte man die Polizei, Ambulanz oder die Feuerwehr unter der gebührenfreien Nummer 999 anrufen.

Stadtrundfahrt
Viele Unternehmen bieten Stadtrundfahrten an. Besonders gut eignen sich die typischen roten Doppeldecker-Busse. Auf einigen Routen, wie der Nr. 11 von der City über St. Paul's Cathedral, Trafalga Square und Westminster nach Chelsea kann man auf bequeme Art viel entdecken. Stilvolle Stadtrundfahrten werden von dem bekannten Kaufhaus Harrods angeboten.

Strom
In London beträgt die Netzspannung 240 Volt und betreibt handelsübliche Elektrogeräte. Für die Steckdosen wird jedoch ein Adapter benötigt. Gegebenenfalls kann man sich auch an der Rezeption einen Adapter ausleihen.

Taxi
Die Fahrt mit den typischen schwarzen Londoner Taxi, dem „Cab" gehört zu einem besonderen Erlebnis. Wenn an den schwarzen Taxis das Taxischild leuchtet, ist das Taxi frei und kann herbei gewunken werden.

Seite 41

Praktische Reisetipps und Infos von A bis Z

Telefonieren

Die öffentlichen Telefonzellen kann man teilweise mit Münzen oder mit Telefonkarten betreiben. Die Betreiberfirma ist British Telecom und ihre Telefonkarten erhält man bei allen Postämtern und Geschäften mit dem Symbol BT. Einige Telefonzellen funktionieren auch mit Kreditkarten. Für das Telefonieren von Großbritannien nach Deutschland muss die Ländervorwahl gewählt werden. Sie lautet für Deutschland 0049, für Österreich 0043 und für die Schweiz 0041. Telefoniert man aus dem Ausland nach London, benötigt man den Landescode 0044 + Ortsvorwahl ohne die Null.

Trinkgeld

Der so genannte „Tip" ist im Restaurant in der Rechnung („service charge") bereits enthalten. Wer sich vom Taxifahrer gut bedient fühlt, sollte ein Trinkgeld in Höhe von 10-15% geben. Auch im Hotel sollte man dem Kofferträger und dem Zimmermädchen einen kleinen Betrag geben.

U-Bahn

Die Londoner U-Bahn ist ein effektives und empfehlenswertes Verkehrsmittel. Sie ist das erste und größte U-Bahnnetz der Welt und wurde bereits 1890 eröffnet. Die U-Bahn wird von den Londonern „Tube" genannt und verbindet das Stadtzentrum und dementsprechend die Highlights mit den Stadtteilen wie Loughton (Central Line) oder Richmond (District Line). West-, Nord- und Ostlondon können mit der „Tube" erreicht werden, während man in den Süden besser mit der Eisenbahn gelangt. Die U-Bahnen verkehren in der Zeit von 5.30 bis 1.00 Uhr und fahren im 2- bis 3-Minutentakt.

Zeitungen

In London erhält man an den größeren Zeitungskiosken deutschsprachige Zeitungen.

Zeit

In Großbritannien herrscht die Zeitzone GMT (Greenwich Mean Time), das bedeutet, dass man von der in West- und Zentraleuropa gültigen MEZ eine Stunde „abziehen" muss. GMT = MEZ – 1h. Dies gilt auch für die Sommerzeit.

Kulinarische Hinweise

Der englischen Küche haftet immer noch der Ruf an, wenig einfallsreich zu sein und sie wird in den Köpfen vieler Menschen mit dem Gericht „Fish and Chips" gleichgesetzt. Neben dem traditionellen schnellen Gericht Backfisch mit Pommes Frites bietet die Küche wesentlich mehr. Gerade in den letzten Jahren öffneten immer mehr Restaurants, die eine moderne britische Küche bieten. London ist zweifelsfrei die kulinarische Hauptstadt des Landes mit tausenden von Restaurants, die eine Bandbreite vom einfachen Fast-Food-Restaurant bis zum gehobenen Restaurant der Starköche abdecken. Von einem traditionellen Mittagessen, dem „ploughman's lunch" mit Brot, Käse und Salat in einem Pub bis zum raffinierten Braten und Yorkshire Pudding in gepflegten Restaurants reicht das Angebot. Aber gerade London bietet eine kulinarische Weltreise, denn aufgrund der vielen ethnischen Gruppen vereinigen sich die Geschmäcker aus aller Welt in der Metropole. Im Stadtviertel „China Town" lockt die chinesische Küche und an vielen anderen Ecken stößt man u. a. auf italienische, griechische, türkische, koreanische, japanische und ägyptische Restaurants. Den Gaumen zu erfreuen ist in den Londoner Restaurants recht kostspielig. Eine Alternative bieten einige kleinere preisgünstigere Restaurants, die z. B. Pizza und Pasta oder Kebab, chinesische und indische Snacks anbieten.

Seite 43

„It's tea time" spiegelt einen Teil britischer Kultur wieder, der bis in das 17. Jahrhundert zurück verfolgt werden kann. Die königliche-ostindische Kompanie brachte den Tee auf die Insel und fortan schifften die Teeklipper die aromatischen Blätter in großen Mengen nach England. Die Zubereitung des Tees gleicht auch heute noch einer Zeremonie. Der Tee wird mit kochendem Wasser aufgegossen und in die Tasse kommt zuerst die Milch und dann der Tee. Dieses beliebte Getränk trinken die Briten am Morgen, am Mittag, am Nachmittag und am frühen Abend, also nach Belieben immer. Wer eine süße Teepause („Cream Tea") machen möchte, isst dazu Muffins, Crumpets oder Scones. Ein weiteres, nicht zu vernachlässigendes Getränk ist das Bier, das in einem Pub getrunken, Kultur und Lebensqualität bedeutet. Pub, kommt von „public houses" und gleicht einer sozialen Institution. Hier treffen sich der Arbeiter und der Chef und reden über Gott und die Welt oder über die Queen und Fußball. Sportgespräche gehören wie das Dartspiel in jeden Pub. Ein Pubbesuch stellt eine Bereicherung eines jeden Londonaufent-

Kulinarische Hinweise

haltes dar. Hierbei müssen jedoch einige Regeln beachtet werden. Zunächst einmal bekommt man das „Lager", ein helles Bier, oder das süße, obergärige Bier „Ale" zu trinken. Man bestellt, bezahlt und nimmt das Bier direkt an der Bar entgegen. Das Bier wird aus dem Keller mit der Hand nach oben gepumpt und lässt jede Schaumkrone vermissen. Das Glas wird aber glücklicherweise bis zum Rand gefüllt und ist nur sehr selten kalt. Die Engländer gehen schon sehr früh in den Pub, denn um 23.00 Uhr heißt es „Last or please" und dann wird nicht mehr ausgeschenkt.

Seite 44

Der kleine Sprachführer

Das Wichtigste
Ja – yes
Nein – no
Danke! – Thank you!
Gern geschehen – You're welcome
Entschuldigen Sie! – Sorry!
Guten Morgen! – Good morning!
Guten Tag! – Good afternoon!
Guten Abend! – Good evening!
Gute Nacht! – Good night!
Hallo! – Hello!
Auf Wiedersehen! – Good bye!
Tschüss! – Bye! / Bye-bye!
Ich spreche kein Englisch! – I don't speak English!
Haben Sie ...? – Do you have...?
Wieviel kostes es? – How much is it?
Wieviel Uhr ist es? – What time is it?
Ich suche... - I'm looking for...

Wochentage
Montag – Monday
Dienstag – Tuesday
Mittwoch – Wednesday
Donnerstag – Thursday
Freitag – Friday
Samstag – Saturday
Sonntag – Sunday

Zahlen
0 – zero
1 – one
2 – two
3 – three
4 – four
5 – five
6 – six

7 – seven
8 – eight
9 – nine
10 – ten
11 – eleven
12 – twelve
13 – thirteen
14 – fourteen
15 – fifteen
16 – sixteen
17 – seventeen
18 – eighteen
19 – nineteen
20 – twenty
21 – twenty-one
22 – twenty-two
30 – thirty
40 – forty
50 – fifty

Der kleine Sprachführer

60 – sixty
70 – seventy
80 – eighty
90 – ninety
100 – one hundred
101 – one hundred and one
200 – two hundred
300 – three hundred
1000 – one thousand
2000 – two thousand
10000 – ten thousand
$^1/_2$ – a half
$^1/_4$ – a (one) quarter

Reise und Unterkunft
Aufzug – lift
Bad – bath
Balkon – balcony
Bettdecke – blanket
Doppelzimmer – double room
Dusche – shower
Einzelzimmer – single room
Gepäck – luggage
Halbpension – half-board
Handtuch – towel
Heizung – heating
Hotel – hotel
Schlüssel – key
Stockwerk – floor
Vollpension – full-board
Zimmermädchen – maid

Getränke und Speisen
Getränke
Alcohol-free beer – alkoholfreies Bier
Beer – Bier
Brandy – Schnaps
Champagne – Champagner
Cider – Apfelwein
Coffee – Kaffee
Decaffeinated coffee – koffeinfreier Kaffee
Fruit juice – Fruchtsaft
Hot chocolate – Kakao
Lemonade – Limonade
Milk – Milch
Mineral water – Mineralwasssser
Red wine – Rotwein
Sparkling wine – Sekt
Tea – Tee
Tomato juice – Tomatensaft
White wine – Weißwein

Speisen
Frühstück
Bacon and eggs – Eier mit Speck
Bread – Brot
Butter – Butter

Der kleine Sprachführer

Cheese - Käse
Fruit – Obst
Hard boiled eggs – hartgekochte Eier
Honey – Honig
Jam – Marmelade
Muffin – kleiner Kuchen
Roll – Brötchen
Scrambled eggs – Rührei
Soft-boiled eggs – weichgekochte Eier
Toast – Toast
Yoghurt – Jogurt

Vorspeisen
Clear soup – Fleischbrühe
Cream of tomato soup – Tomatensuppe
Ham – Schinken
Onion rings – Zwiebelringe frittiert
Seafood salad – Meeresfrüchtesalat
Smoked salmon – Räucherlachs
Vegetable soup – Gemüsesuppe

Gemüse und Salate
Baked beans – gebackene Bohnen in Tomatensoße
Cabbage – Kohl
Cauliflower – Blumenkohl
Corn-on-the-cob – Maiskolben
Cucumber – Gurke
Leek – Lauch
Lettuce- Kopfsalat
Metals – Linsen
Mushrooms – Pilze
Peppers – Paprika
Pumpkin – Kürbis
Spinach – Spinat
Tomatoes – Tomaten
Vegetables - Gemüse

Seite 47

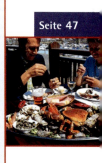

Fleisch- und Fischgerichte
Beef – Rindfleisch
Chicken – Hähnchen
Chop – Kotelett
Cod – Kabeljau
Duck – Ente
Eel – Aal
Ham – Schinken
Herring – Hering
Lamb – Lamm
Liver – Leber
Lobster – Hummer
Mussels – Muscheln
Perch – Barsch
Pork – Schweinefleisch
Rabbit – Kaninchen
Rump steak – Rumpsteak
Salmon – Lachs
Sausages – Würstchen

Der kleine Sprachführer

Sole – Seezunge
Trout – Forelle
Tuna – Thunfisch
Turkey – Truthahn
Veal - Kalbfleisch

Nachtisch
Apple pie – Apfelkuchen
Brownie – Schokoladenplätzchen
Cottage cheese – Hüttenkäse
Dessert – Nachtisch
Fruit salad – Obstsalat
Grapes – Weintrauben
Ice-cream – Eis
Pancake – Pfannkuchen
Pastries – Gebäck
Rice pudding - Reisbrei

Verschiedenes
Arzt – doctor
Briefmarke – stamp
Bus – bus
Denkmal – monument
Einkaufszentrum – shopping centre
Haltestelle – stopp/station
Hauptbahnhof – central station
Kirche – church
Markt – market
Museum – museum
Platz – square
Polizei – police
Post – post
Postkarte – postcard
Rathaus – town/City hall
Schloss – castle
Taxi – taxi
Telefonzelle – phone box
Turm – tower
U-Bahn – underground

Seite 48